숲이 깊다

안금자 시집

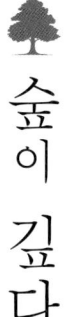

숲이 깊다

산과들

머리글

이번 여섯 번째 시집 출간은
<갯그령, 그 여자> 이후 쓴 글들과 그간 여러
문예지에 발표했던 글들을 다듬어 정리했습니다.
책을 엮을 때마다 글 쓰는 일이
쉽지 않다는 생각이 듭니다.
세월이 흐를수록 더욱 그러합니다.

향가와 국보에 관심을 갖도록 독려해 주신
민충환 교수님께 깊이 감사드리며,
詩作에 더욱 정진해야겠다는 다짐을 해봅니다.

2025년 여름

안 금 자

목차

머리글 /5

1부 — 강물의 시간

오지랖	13
백비白碑 1	14
백비白碑 2	15
강물의 시간	16
뻘밭	18
가문 날	20
강정	21
정수사 꽃살문	22
병현이라는 별	24
곰팡이꽃, 피다	25
우리	26
영화처럼	28
어느 시인에게 1	29
어느 시인에게 2	30
어느 시인에게 3	32
My Way	34
만수향萬壽香	35
빈 의자	36
현충원에서	37
아버지의 세월	38
미물	40

2부 — 태풍 지난 숲에는

단심가丹心歌 — 45
시가時價 — 46
인천역 — 47
뭐지? — 48
여름나기 — 50
여의도 공원에서 — 52
소리, 소리 — 54
별 그리고 시 — 56
내가 저수지 — 57
북성포구 — 58
백일홍 — 60
어스름 — 62
하루가 저물다 — 63
바람의 계급 — 64
안복眼福 — 66
가을 여행 — 68
숲이 깊다 — 69
승화원에서 문득 — 70
통과하다 — 72
도깨비바늘 — 74
태풍 지난 숲에는 — 75

3부 — 길 위에서

나무 아래서	79
그	80
여름날	81
유묵遺墨	82
까보다로카	84
폭시暴詩	86
어쩌나	87
유등 편지	88
환승	90
그늘	92
길 위에서	93
여생	94
갓밝이	96
불행이란	97
詩답잖은 글을 쓴답시고	98
다시, 빈집	100
글쎄	101
자평自評하다	102
나이테	104
직지, 그대만나면	106

4부 — 원효의 길

즈믄 눈의 미소 - 도천수대비가	111
다리가 넷이어라 - 처용가	112
달빛이여 바람이여 - 원왕생가	114
어떤 이별 - 제망매가	116
널 어찌 잊으랴 하신 - 원가	118
산화공덕 - 도솔가	119
영재 노인 오신다면 - 우적가	120
태평성대 원하면 - 안민가	122
꽃을 꺾어 바치오리다 - 헌화가	124
연꽃으로 피다 - 서동요	126
공덕 닦으러 오다 - 풍요	128
거풍擧風 - 팔만대장경	130
그렇게 오너라 - 성덕대왕신종	132
첨성대	134
주홍글씨로 남은 - 정림사지 5층 석탑	136
원효의 길 - 분황사 모전석탑	138
명복을 비는 마음 - 토우장식 장경호	140
기다림 - 희랑대사좌상	141

평론 / 시간과 공간의 직조기술   143
침묵의 언어를 해방시키다

- 구미리내(문학박사, 명지대 객원교수)

숲이 깊다

1부

강물의 시간

오지랖

거미 한 마리가
은빛 그물을 나뭇가지 사이에 걸어두고
쉿,
숨죽이고 있는 아침

작은 날벌레
파닥파닥 걸려들면
먹잇감 되어 죽을 텐데 어쩌지?

그렇다고 온종일
햇살만 그물에 걸리면
내내 굶을 거미가 허기질 테고

조심스레 바라보는 나는
갈팡질팡
참, 걱정이다

백비白碑 1

진천 보탑사 경내에 있는
보물 404호 연곡리 석비 앞에 섰다

난해한 문장을 다 털어낸
텅 빈 백비다

등 위에 비몸(碑身)을 짊어진
거북의 얼굴은 형체가 무너져
지난 세월의 굽은 길이 보였다

슬몃 걸어온 길을 물을까 하다가
그만 입을 다물었다
한 조각 침묵에
가슴이 서늘하게 베어졌다

돌아서며 바라본 하늘
텅 비어
끝없이 푸르렀다

백비白碑 2

내가 읽지 못하는 걸
성근 햇살이 어룽대며 읽고 간다

내가 못 보는 걸
지나는 바람이 기웃, 보고 간다

내가 듣지 못하는 걸
새들은 듣고서 숲으로 날아간다

읽지도 보지도 듣지도 못하는
숨겨진 말씀

먼 후일
여기 다시 오면
알 수 있을까 침묵의 속내를

강물의 시간

강물은
미지未知의 바다를 향해
그냥 흐르는 것이다

때론 소용돌이에 무릎이 깨지지만
묵묵히 낮은 길만을 따라가며
넓어지기도 좁아지기도 하면서
불평 없이 흘러갈 뿐이다

흐르지 않으면 강물이 아니지
길이 없으면 온몸으로 길을 내고
땡볕에 그을리는 여름과
얼음장 밑을 흐르는 겨울을 지나며
수심을 키운다

뒤돌아보지 않고 흘러서
천리만리 깊푸른 바다에 다다르면
강물에서 바닷물로
제 이름을 바꾸어서

마침내
자신自身을 놓아주는 것이다

뻘밭

뻘에 발이 빠진 적 있다
개흙에 박힌 장화 신은 발
한 발짝도 뗄 수가 없었다
빠져나오려 애쓰는 걸 보고
널배 타고 가던 아주머니가 소리쳤다

저런 저런
힘으로 빠져나오는 게 아냐
발을 좌우로 흔들면 틈이 생겨
그때 살살 달래며 빼내야 해

장화를 품고서
놔주지 않는 아귀힘에 놀라
허둥지둥 힘으로 이기려던 성급함

하기사
만났다 헤어지는 사람의 일 어렵듯
품었다 놓아주는 일도 쉬운 일은 아니지
이별도, 수렁을 벗어나는 일에도
에돌아 갈 줄 알아야 한다는 말씀

아주머니께 한 수 배워
넘어지지 않고 뻘밭을
빠져나온 적이 있다

가문 날

이른 아침
고구마밭에 나가보니
고라니가 다녀갔다
초록빛으로 한창 줄기를 뻗던
여린 잎들만 골라 똑, 똑, 똑
야물게도 따먹고 갔다

가뭄 든 숲속에서 밤을 지새고
새벽어둠을 밟으며
이곳까지 내려왔으리라
올 가뭄에
목 타는 건 매한가지
고라니는 이슬 맺힌 잎을 먹고
사람은 땅속 열매를 먹으면 된다시며

어머니는
속상해하는 나를 다독이셨다

강정

갑자기 분위기 싸해지네
우리 모임에선
정치판 얘기는 금물이야
그래그래 그게 속 편치
답답한 정치 얘기 그만하고
우리네 사는 얘기나 하자구
신변잡기로 시작해 카더라 통신까지
장르를 넘나들며 웃고 떠들면
그래그래 그게 속 편치

키득대다 집으로 돌아오는 길
뭔지 모를 헛헛함에
시장으로 급히 발길을 돌려
집어 든 게 하필 강정이네

겉이 달콤한 강정
씹으면 고소한 강정
속 빈 강정

정수사 꽃살문

동검도에서 놀던 갯바람이
정수사 앞뜰에 스며듭니다

세상에서 제일 아름답다는
꽃살문을 만나
그 품 안에 한껏 안겨보려고
햇귀 눈부신 날 찾아옵니다

꽃잎 사이사이 얼굴을 묻고
연꽃향 모란향에 아득해져서
이곳이 천상인가, 천상인가

천년을 그리 만납니다

저녁 햇살
대웅보전 꽃살문에 내리면
봉오리 툭, 툭, 툭, 벙글어서는
송이송이 꽃사태가 납니다

이때쯤
갯바람은 옷깃을 여미고
자꾸 뒤돌아 뒤돌아보며
동검도로 되돌아갑니다

천년을 그리 헤어집니다

병현이라는 별

너는 별이 되고 싶어한다
어두울수록 반짝이는 별

그걸 아니?
사람들은 밤하늘을 우러르며
위로받고, 눈물 흘리고, 그리워한다는 걸
어린 왕자가 그러했고
시인 윤동주가 그러했지

네 꿈을 이루는 날
뭇별과 어울려 은하수로 흐르거라
홀로 빛나는 건 외로운 일
더불어 행복하길 희망한단다

너는 지금도
소중하고 사랑스러운
우리의 별이란다

곰팡이꽃, 피다

식탁 위 비닐봉지 속 빵에
곰팡이가 피었다
바쁘다는 핑계로 무심했던 며칠
홀로 수묵의 꽃을 피운 것이다

바짝 마른 가슴엔
어떤 꽃도 피지 않음을 안다
외로워 본 적 없는 꿈은
개화의 기쁨을 만날 수 없음도 안다

적막한 오후
곰팡이 핀 빵을 바라보며
이제는 되돌릴 수 없는
보드라웠던 시간을 헤아리면

한 송이 꽃으로 핀
먹빛 외로움이
빤히 나를 바라본다

우리

우리 만나야지
만나서 뜨끈한 국밥이라도 함께 해야지
국밥처럼 풀어놓는 두서없는 얘기로
빈 마음을 든든히 채워야지

지금은 늦가을, 어둑한 저녁
밖에는 그리움처럼 비가 내리니
서두르지 말고 느긋하게
집을 나서야지 급할 것 없이

얼굴만 봐도 눈어림으로
심기가 어떤지 읽는 우리 사이
뜬구름 잡던 나이 이미 지났으니
가붓하게 사는 게 순리라고
다들 그렇게 사는 거라고
슬쩍 넘겨주면 어물쩍 받아주는
그런 사이

지금은 늦가을
만나야지 비 오는데

영화처럼

누군가 골목길로 들어서네
창문을 흔들던 바람이
멈칫하네

누군가 골목길을 걸어가네
어둠을 밀어내며 가로등에
불이 켜지네

그 사람 모퉁이를 돌아 사라지자
아무 일 없었다는 듯
다시 바람이 불어오네

창밖에
풍경 같은 한 세월이
지나갔네

어느 시인에게 1

시작법詩作法이 있으니
시독법詩讀法도 있겠지요

누군가의 애절한 문장이
당신에겐 단지 버려야 할 문장이라면
시독법이 다른 겁니다

날카로운 칼로 해부하기 전
눈여겨보세요
투박한 손으로 일구는 그 사람의 세계를
기교가 넘쳐야만
詩라는 이름을 얻는 건 아니지요

제 입맛 따라 너무 쉽게
짜다 맹탕이다 말하지 않는 게
당신이 배워야 할
시독법 제일의 덕목이 아닐까요

어느 시인에게 2

A4 용지를 가득 채우는
시인의 약력 소개
무슨무슨 단체에 소속되어
이런저런 상들을 거머쥐었고
어떤어떤 책들을 쉴 새 없이 생산했다는
현란한 나열

가볍게 쓴 시들 위에
무겁게 내려앉는 이력들은
마치
허겁지겁 빗물을 들이켜고
제 무게를 못 이겨 쓰러지고 마는
사막의 선인장 같아

어느 줄이 동아줄인지
눈치 빠르게 옮겨 다니며
주렁주렁 매다는 당신의 이력들이
버겁지는 않나요?
이렇게 물으면

뒤통수를 치는 한마디
신통한 것 하나 없는
너는 뭐냐?

어느 시인에게 3

30년 세월의 내 詩가
10년 세월의 당신 詩를
넘지 못하니
세월이 詩는 아닌가 봅니다

당신은 당찬 목소리로
힘껏 소리 지르며 분노합니다
허나 나는
너덜길이 두려워 내딛지도 못합니다

이 세상 여기저기
굶주림과 사고와 전쟁으로
수렁에 빠져 죽어가는 수많은 사람들
이렇게 세상이 아프면
시인도 아프다는데

소심한 나의 詩는
책갈피에 끼어 잠을 자는지
기척이 없는 오늘
창밖에 바람이
캄캄한 바람이 붑니다

My Way

갯벌 위를
재빠르게 옆걸음치는 게
앞걸음 아니어도
정확히 집을 찾아가고

앞을 보며 느릿느릿
등짐 지고 기어가는 달팽이
그 걸음으로 저물녘이면
잠들 곳에 깃들어 보이지 않는다

빠르거나 느리거나
앞걸음이거나 옆걸음이거나
아침햇살에 문을 열고
저녁노을에 문을 닫으니

걱정스런 눈빛은 한낱 기우杞憂
누구의 걸음을
정답이라 말할까

만수향 萬壽香

영정 앞에
꺼지지 않도록 피우는
만수향萬壽香

자정이 지나
문상객이 없을 때도
새 향을 피우고
또 피우면

눈물 마른 식구들
웅크린 채 선잠 든 시간
홀로 깨어 향불 올리며

하늘나라 가셔서
부디 萬壽하시라고
제 몸을 태우며 비나리 하는
萬 壽 香

빈 의자

빈 의자가 남겨져 있네
병수발에 지친 식구들 곁에서
아버지의 병상을 지켜주던
작은 팔걸이 의자

아파트 19층 창가에 바투 앉아
지는 해를 무연히 바라보실 때
말없이 제 몸을 내주었지

아픈 몸을 안았던 품속으로
환한 햇살비 무량하게 내리는데
아버지 이곳에 계시지 않네

문득문득 그때가 얼비치는
고마운 저 의자

현충원에서

묘비는
존재했었음의 확인이다
하지만 지금은
존재하지 않는다는 증명이다

단 몇 줄로 요약되는
이력 앞에 서면
경건해지는 지나간 세월

그 세월 속에
함께였다는 것이
얼마나 큰 위로인지
얼마나 큰 따스함인지

먼지 낀 묘비를 닦으니
가슴 한편을 환하게 비추는
등불 하나

아버지의 세월

먼 길을 돌아 나에게 왔다
아버지의 슬픔, 아버지의 그리움이
나의 슬픔, 나의 그리움이 되어

별이 되어 가신 후 이제야 보인다
늦은 밤 북녘 하늘 멍하니 바라보시던
실향민 아버지의 구부정한 뒷모습이

사는 게 사는 거였을까
분단으로 가로막힌 수십 년
볼 수 없는 부모 형제 그리워
사는 게 아니라
살아 있어야 했던 건 아닐까

피붙이가 그리운 날이면
황해도 고향 땅이 보이는 곳을 찾아 떠돌던
그 가슴속 눈물이 먼 길을 돌아와
머리에 희끗희끗 눈 내린 나에게
속절없이 흐른다

대전 현충원 50828 묘비 앞
푸른 잔디밭에 앉아 하늘을 보니
흰 구름 되어 흘러가는
아버지의 세월

미물

일용할 양식을 온몸으로 끌고 가는
개미의 절실함이
주기도문을 열 번 읽는 것보다 낫다

꿀을 찾아 쉼 없이 날갯짓하는
벌들의 간절한 몸짓도
화엄세계 운운하는 것보다 백 배는 낫다

하루 또 하루를
헛보내지 않고 살아내는
저 개미, 저 꿀벌의 몸짓은
무엇을 말하는지

작은 유혹에도 흔들리는 일
헛된 욕심으로 마음 다치는 일
부질없다며 쉽게 무너지는 일
미물이라는 그들에겐
없는 일이라고 생각하면

가슴에 콕! 박히는
미물만도 못하다는 말

2부
태풍 지난 숲에는

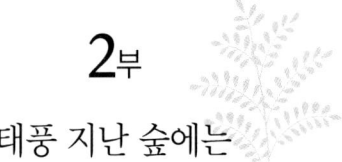

단심가 丹心歌

동백나무에서 꽃송이들이
뚝, 뚝, 뚝
맨바닥에 떨어집니다

떨어진 채로 바닥에서 부르는
동백꽃의 절창이
송이송이 핏빛입니다

시가 時價

일식집 차림표
민어 옆에 딱 붙어있는 時價

얼마나 싱싱할까
얼마나 맛있을까 궁금하지만
호주머니 속사정부터 헤아리게 하는
당당한 가격, 時價

지금은 잡힐 때가 아니라서
귀한 몸이라는 말인데
감춰진 가격에 주눅 드는 건 뭐람
하기야 비밀스런 구석이 있어야
상한가도 치고 스타도 되는 거지

깜짝 놀랄 가격이 나오더라도
호기를 부려 불러나 볼까
잠시 망설이다 다음으로 미루며
슬며시 초밥 쪽으로 눈을 돌린다

인천역

불현듯 아버지 보고픈 날
마음 깊은 곳에 남몰래 간직한
작은 기차역을 찾아가리

시간이 멈춘 그곳
허름한 대합실 나무 의자에 앉아서
기차를 타고 오시던 어느 날의
따스한 미소를 그리워하리

언제쯤 올까 언제쯤 오려나
붉은 노을에 잠겨 달려올 열차를
마냥 기다리며 행복했던
어린 날의 저녁 풍경

뭐지?

어느 시인의 시[1] 속에
노르웨이 양식 연어 요리법이 나오는데
펄떡이는 연어를 이산화탄소로 졸리게 만들어
전기충격 후 단칼에 절단한다고
그 이유가 그냥 칼로 내리치면
심한 고통을 느낄까 싶어서라고

스위스에서는
바닷가재를 끓는 물에 바로 넣으면
형사 처벌이라고
동상 걸릴까 얼음에 올려 운반도 안 된다니
그 자상한 요리법을
연어와 바닷가재가 고마워할까 몰라

온갖 것 먹어대는 인간이지만
최소한의 양심은 있다는 얘기인지
맛있는 건 절대 포기할 수 없으니
죄의식 좀 덜어보자는 면피용인지

휴,
병 주고 약 주는 거네
아니지
약 주고 죽여주는 건가?

---

1) 오탁번 시 <음식 윤리> 중에서

여름나기

1
한 줄 읽고
두 줄 졸고

한 구절 기억했다가
두 구절 까맣게 잊어버리고

에잇!

읽던 책 저만치 밀쳐두고
大字로 벌렁 눕는
8월의 오후

2
읽다 펼쳐둔 그 책을
바람이 뒤적인다

갸우뚱갸우뚱 영 모르겠는지
앞장 뒷장 넘겨보다가
휘릭, 가 버린다

밀쳐둔 이유를
이제 너도 알겠니?

여의도 공원에서

인기척에 놀란 비둘기들
소스라쳐 나무 위로
날아올랐다가

뿌려진 모이를 향해
광장으로 우르르
다시 내려앉는다

날개 퍼득이며 날아가야 할
숲속 제 세상을 까맣게 잊은 채
좌우를 살피며 모이를 쪼아대는
뒤뚱한 몸놀림

흩어졌다가
눈치껏 모여들고
모였다가
황급히 날아오르는

여의도 공원의 비둘기들
피둥피둥 살이 오른다

소리, 소리

지직, 지지직

LP판이 돌아갈 때
노래 사이를 파고들며
바늘이 내는 가벼운 상처의 소리
아니,
파여진 가는 선 밖으로
애면글면 빠져나오려 애쓰는 소리

삐걱, 삐그덕

쪽배 하나 강마을로 건너갈 때
물결 가르는 무릎관절의 앓는 소리
아니, 아니
앞서가는 마음을 뒤따르려 허둥대다
자꾸 늪에 발 빠지는 소리

세상 모든 소리가 품고 있는
앞과 뒤
겉과 안
삶의 이쪽과 저쪽

별 그리고 시

밤하늘 저 별들은
어둠이 써놓은
한 편의 詩

마음 흐르는 곳으로
길을 내며 걷다가
발끝 아픈 그 길 어디쯤에서

눈물 한 줌
빛 한 줌
뿌리며 눌러쓴
빛나는 문장

어둠이 없었다면
빛나지 않았을 별
쓰이지 않았을 詩

내가 저수지

저 푸른 하늘이 언제
소리 없이 물속으로 들어갔지?
금싸라기 햇살까지 뒤따라와
수면 위에 비단 물결을 펼쳐 놓네

망초꽃들은 또 언제
잔물결 속에 자리를 잡았지?
종알대는 명랑한 수런거림에
지나던 구름도 덩달아 기웃대네

밤이면 달도 별도
피곤한 몸을 담그는데
다 품고도
그저 잔잔한 이곳

물가를 거닐었을 뿐인데
이 넉넉한 물빛에
언제부터 흠뻑 젖은 거지?

북성포구

바닷바람이 분다
한때는 백여 척의 배들이
만선의 깃발 휘날리며 돌아오면
갈매기 떼 군무를 추던 곳

그런 날이면 선술집마다
거친 사내들의 흥청거림과
밤새도록 출렁이는 바닷물에
잠들지 않던 포구

다 어디로 갔을까

우뚝 선 공장들이 가로막은
옹색한 갯골을 따라
포구로 돌아오는 몇 척의 고깃배만이
파시의 영광을 재현하는
쓸쓸한 포구

황해도가 고향이라는 할머니가
채반 위 꾸덕꾸덕해진 잡어들을
뒤적이는 비릿한 오후
흐릿한 기억을 더듬어
부둣가를 서성이는데

귀퉁이 깨어진 벽돌담을
휘돌아 나온 갯바람이
할머니의 굽은 손을 어루만진다

백일홍

꽃이 피어 있다
석 달 열흘 붉은 꽃이라 한다

생각했다
구십 넘으신 어머니 하루하루
시들어 가는 것처럼
저 붉은 꽃, 피어있는 게 아니고
매일매일 바래가고 있는 거라고
꽃잎 위를 지나는 따가운 시간을
묵묵히 견디고 있는 거라고

그러나
생각을 바꾸라고 가르쳐준 건
세월이었다

그래서 다시 생각했다
석 달 열흘 붉다는 저 꽃
허공으로 흩어지기 전까지는
지고 있는 게 아니라
그렇게 살고 있는 거라고
그렇게 살아 있는 거라고

비로소 눈치챈 삶의 비밀
참 오래 걸렸다

어스름

어머니가 장롱 속을 정리 하신다
목 늘어난 옷가지와
유행을 잃은 오래된 외투를
방 한쪽으로 치우신다

어머니가 서랍 속을 비우신다
빛바랜 사진들과
쓸 데 있었으나 쓸 데가 없어진
묵은 물건들을 버리신다

아흔 넘으니
문밖을 나서는 일도 큰일이라며
그날그날 슴슴하게 보내시더니

어느 날부턴가
굽은 등으로 돌아앉아
장롱 속, 서랍 속을 비우고 버리시며
살아야 할 날들만 남겨놓는다

하루가 저물다

쇠약해진 어머니
요즘 부쩍 잠이 많아지셨다
주무시는 듯 안 주무시는 듯
홑이불 같은 잠 속을 오락가락 하신다

이렇게 기력 없이 주무시다
먼 곳으로 훌쩍 가버리실라
불현듯 두려워져
일없이 침대 곁을 서성인다

그러다 가끔 지나가는 말처럼
주무세요? 슬며시 물으면
혼곤한 듯 눈을 뜨셨다가 다시
어둑어둑한 잠 속으로 들어가신다

햇살에 녹고 있는 나무 밑 잔설처럼
오늘 하루가
또 그렇게 저문다

바람의 계급

바람의 세기에도 계급¹⁾이 있다
고요, 실바람, 남실바람으로 시작해
노대바람, 왕바람, 싹쓸바람으로 끝나는
열세 계단의 등급

창문 밖 살구나무
잔가지가 흔들리면 건들바람,
그 가지 위에 걸린
달빛이 흔들리면 된바람이고
물보라 일으키는 파도처럼
마음까지 휘둘리면 큰센바람이겠다

천지사방에 꽃망울 한껏 부푼 봄날
골목 끝에 숨어 두근두근
남몰래 그대를 탐할 때
연둣빛 흩뿌리며 나를 향해 불어오는

바람의 계급을
그대는 알까

---

1) 보퍼트 풍력 계급 : 바람 세기에 따라 0에서 12까지의 13등급으로 나눈
바람의 계급.
0등급: 고요 12등급: 싹쓸바람

안복眼福

'죽어서도 꿈꾸고 싶다'는
老시인의 말씀이
무섭고도 따스하다

죽는다는 건 生의 끄트머리에서
싫어도 맞닥뜨리는 절대적인 것
어찌 무섭지 않을까 싶지만

'벌레 문 자국같이 조그맣고 가려운 이 사는 기쁨'을
벗어날 수 없었다며
말갛게 미소 짓는 시인의 마음이
따스할밖에

칠십 훌쩍 넘은 몸이
자꾸 허방을 딛는다는
걷는 것, 보는 것, 듣는 것, 기억하는 것
허나 그들과 더불어 사는 게 고맙다는

시력 50년 넘는 시인의
품 너른 시들을 읽는 오늘
나 또한
'조그맣고 가려운 사는 기쁨'
그런 기쁨

· 황동규 시집 <사는 기쁨>을 읽고

가을 여행

석모대교 건너 민머루 가는 길
썰물로 드러난 바다의 속살이
온통 붉다

초록의 봄부터 자줏빛 가을까지
일곱 번 몸색을 바꾼다는
칠면초 군락

밀물 썰물에 이리저리 밀리며
허리 곧추세워야 했던 날들이
이 가을날
붉은 물결로 일렁인다

푸른 하늘을 머리에 이고
갯벌을 화폭 삼아 불타는 칠면초
보는 이의 가슴에도 뜨겁게 피어
하, 붉다 붉다

숲이 깊다

어젯밤 몰아친 비바람에
한 나무 비스듬히 기울었다
기울며 젖은 몸 간신히 기댄 곳이
옆 나무의 한쪽 어깨

옆 나무가 어깨를 내주지 않았다면
뿌리가 뽑혀 맨바닥에 쓰러졌을 것이다
몸 기울었으나 뽑히지 않은 한 나무는
기운 채로 세상을 살아낼 수 있을 테니
누군가에게 제 곁을 내준다는 건
한 생명을 품는 일이기도 하다

비 그친 이른 아침
갈맷빛 숲에 들어
쏟아지는 햇살 아래 푸르른
한 나무와 옆 나무를
번갈아 오래오래 바라보았다

승화원에서 문득

살면서 우리는
얼마나 많은 숫자에
얽매이고 휘둘리는 걸까

학창 시절엔 성적 등수에 마음 졸이고
결혼해선 20평, 30평 평수에 매이면서
통장에 찍히는 아라비아 숫자에
마음을 뺏기고

한 해 한 해 나이 들어
병치레하게 되면
혈당 수치, 혈압 수치, 맥박 수에 갇혔다가

세상과 이별하는 날 오면
1번, 2번, 3번 정해진 소각로를 거쳐
마침내 작은 단지에 뽀얗게 담겨서

평온당, 만월당, 별빛당....
번호 적힌 칸 칸 안치대 안에
고요히 들겠지

그럼 비로소
숫자에서 벗어나는 걸까

통과하다

출구를 찾지 못한 생각들이
밤을 지나고 있다

잠을 청하려 눈을 감고
별들을 하나하나 세어 본다
수백 마리 양 떼들도 불러오고
싫어하는 숫자까지 끌어와
계산하며 허우적댄다

떼어내려 할수록
끈질기게 매달리는 잡생각에
발목 잡혀 뒤척이는 밤
잠은 아스라이 멀어
차라리 포기하자 포기하자
팽팽한 밀당의 끈을 놔버리는 새벽녘

순간, 까무룩!

드디어 통과하다
불면의 터널을

도깨비바늘

툇마루에 앉아
떼어내고
또
떼어내고

언제부터 옷에 달라붙어
따라왔는지 모르는

참으로
질긴 인연

태풍 지난 숲에는

폭풍우에
나무 몇 그루 쓰러진 것이
그리 큰일이 아니어서
숲은 잠시 휘청, 제 자리를 찾습니다
새들은 다시 허공을 날고
가지 끝 이파리들은 햇살 힘껏 끌어와
푸른 빛살을 지천으로 뿌립니다
지난밤에 쓰러진 나무들의 내력을
무심히 스쳐 지날 뿐
누구도 소리 내어 읽지 않습니다
그래서 사실
폭풍우 몰아쳐 몇 그루 나무가 뿌리째 뽑혀도
집채만 한 바위 굴러떨어져
산비탈 한 귀퉁이 움푹 살점 뜯겨도
잠깐 흔들리다 곧추 몸 세우는 숲
이 광활한 세상엔
오늘도 이상 無, 별일 없습니다

3부

길 위에서

나무 아래서

꽃잔치에 마음이 들떠
못 보고 지나쳤다

찢기고 옹이진
지난했던 세월을
부둥켜안은 나무의 몸통

흐드러진 저 꽃들은
성한 곳 없는 네 몸을 딛고
피어난 한때인데

그 한때에 열광하느라
잊고 살았다 너를

그

버리고 갈 것만 남아
참 홀가분하다는
그분이 살았던 '옛날의 그 집'
빈 창고 같은 집
이 세상 끝일 것 같은 집
오로지 혼자였던 집

원주시 단구동 742번지 그곳에서
토지를, 인생을 갈무리하는 동안
묵묵히 곁에 있어 준
투박한 컵, 낡은 슬리퍼, 소매 끝 닳은 옷가지
모진 세월 함께 살아내며
헐거워진 노구를 마지막까지 지켜준
수더분하게 닳아진
그 버리고 갈 것들

마침내는 기꺼이
버려질 그것들

여름날

옥수수 잎에 떨어지는 소낙비
후드득후드득 요란한 날엔
친구야, 대청마루에 앉아
물결치는 빗소리를 듣자

시간 속으로 사라진 것들
그리움으로 불러와 마주앉아서
사는 거 다 그렇더라 다독이는
옥수수밭 배경의 풍경이 되는 건 어떠리

겹겹 초록 잎에 안겨
한껏 배부른 모습을 바라보다
친구야, 비 그치면 솥단지에 물 올리고
알차게 여문 옥수수를 따러 가자

이렇게 사는 거
괜찮지?

유묵遺墨

지바, 당신이 머뭇거리며 내민
흰 비단 한 폭 앞에 앉아
눈을 감으면 뚜렷이 보인다

내가 걸어온 길
爲國獻身軍人本分[1]

상처투성이 조국을 위해
죽음을 택했으니
훗날 대한독립의 소리가 천국에 들려오면
마땅히 춤추며 만세를 부르리[2]
지바, 그대는 적국의 간수
허나 "꼬레아 우라"를 외친 나를
오래오래 기억해 주길

그림자조차 흔들리지 않는 시간
타국의 하늘을 돌아 내려앉는 침묵 속
탕! 탕! 탕!
하얼빈역을 뚫고 지나는 총소리

번쩍, 눈을 떠
비겁하게 삶을 구하지 말라는
어머니의 마지막 편지를 생각하며
펼쳐진 흰 비단 위에
斷指의 낙관을 힘껏 찍는다

---

1) 안중근 의사가 지바에게 써 준 유묵 으로, 나라를 위해 헌신하는 것이
   군인의 본분이란 뜻
2) 안중근 의사의 유언 중 일부

까보다로카

그대에게
엽서 한 장 띄웠다

손바닥만 한 백지에
대서양 푸른 물결을 한껏 담아
배경으로 두었다

이곳은
육지가 끝나 바다가 시작되는 곳
십자가 돌탑에 새겨진
끝이 아니라 시작이라는 말을 생각하며

"파도가 친다"라고 적은
단 한 줄의 편지

알 수 있을까
몰려와 부서지고
부서지며 다시 시작하는
저 파도, 뒤척이는 마음을

폭시 暴詩

마음이 허전한 날
온종일 시를 읽었다
책꽂이에서 시집들을 골라내
눈앞에 탑을 쌓아놓고

고개를 젖혀 목을 풀고
손바닥으로 두 눈을 비벼대며
꾸역꾸역 읽고 또 읽고

詩가 풀어져 文字가 되었다
문자가 흩어지더니 맥없이
책상 아래로 굴러 떨어졌다

아무리 읽어도
허기는 채워지지 않고
詩도 제대로 보이지 않고

갑자기 눈물이 났다

어쩌나

요즘 내가 어려워하는 건
책장의 빼곡한 책들을
가려내 정리하는 일

이건, 문우의 책이라
저건, 어렵게 구해서
또 이건, 젊은 날 읽었던 추억이라
이래 안 되고, 저래 안 되고

책 한 권 세상에 나오는 것은
출산에 비유되는 수고로움
귀하지 않은 자식 어디 있을까
골라냈다 다시 꽂아두고
내려놓았다 다시 제 자리로

책장 헐거워져 환해지는 날
욕심을 버려 가벼워질 그날
아직 멀었다 나는.

유등 편지

健아!
밤하늘에 달이 떴다
너도 보느냐 저 달을
네 눈가가 젖는 걸 모른 체하며
전장으로 떠나올 때
집 앞마당에도 달빛이 내렸었지

城 밖의 소식을 알 길 없어
잠 못 이루는 오솔한 밤
내 아들 健아,
오늘 하루도 무사하더냐
너 하나 지키지 못하는 부끄런 아비구나

사나운 바람이 진주성을 넘을 때마다
매복된 어둠 속에서 숨통을 조여 오는
왜군의 말발굽 소리
허나, 끝까지 싸워 기필코 살아남아
승전의 북을 울릴 것이니
잊지 마라
너와 나는 당당한 조선의 백성임을
남강 물도 도도히 흐르지 않더냐

강물 위에 배를 띄워
네 곁으로 돌아가고 싶은 이 밤
젖은 달빛 아래
보고픈 맘 가득 담은 등을 띄운다
유등流燈이 되어 너에게로 간다

환승

지하철에서 내려
장례식장 가는 버스에 오르는데
-환승입니다
카드 하나로 드러나는 나의 동선

요즘엔
환승연애라는 것이 있어
새로운 사랑으로 옮겨 타도
지나온 동선은 묻지를 않는다지
이별의 후유증이 없어서
눈물 없이도 갈아탈 수 있다지

만일 죽음이
삶의 등짐을 이승에다 내려놓고
저승 가는 열차로 훌쩍 갈아타는
환승연애 같은 거라면
얼마나 가벼울까 生은

장례식장 가는 길
귓가를 맴돌며 따라오는
- 환승입니다
- 환승입니다

그늘

제 등을 땡볕에게 내주고
나무는 대신
서늘한 그늘 한 채를 얻었다

세상은
숨 막히는 삼복더위

애야, 얼른 그늘로 들어오렴
들어와 땀 좀 식히거라

엄마다!
분명 울 엄마 목소리다

길 위에서

땅에 발 딛고 서려면
먼저 허공부터 딛어야 해
두려워 마
허공으로 힘껏 발을 뻗었다가
천천히 땅을 딛어

이제 앞으로 가
왼발, 오른발
왼발, 오른발
그렇게 걷는 거야
그렇게 뛰는 거야

의연한 척
너에게 이렇게 말해놓고
정작
한 발짝도 내딛지 못하는
이율배반의 날들

여생

동창 모임에 갔다가
여생을 즐겁게 살자는 친구들 말에
가슴이 쿵!
환갑 지난 지 여러 해
아무리 발뺌해도
반환점을 지난 지 한참인데
참 낯선 '여생'이라는 말

모든 길이
어딘가에서 마침내는 끊어지듯
언젠가는 가뭇없을 사람의 길인데
한마디 말에 발목 잡혀 헤아려 보니
여기까지 오는 동안
다냥한 날들만 있었던 건 아니다

그래도 섭섭지 않은 건
아직은 늦지 않았다고 속삭이며
심쿵!
다가온 여생 때문

갓밝이

잠이 덜 깬 여린 햇살
물가로 내려와
얼굴 한 번 씻고 멍하니
손 한 번 문지르고 멍하니

물소리에 선잠 깬
부레옥잠, 부들, 갈대들은
물안개에 잠겨
어깨를 움츠린 채 물끄러미
기지개 켜다가 물끄러미

풀잎 위 개구리 한 마리
물속으로 폴짝 뛰어
퐁당!

화들짝
그제야 어둠을 열고 햇덩이를
밀어 올리는 아침

불행이란

피어있는 꽃이 영원히
지지 않는 것

초록에 지친 나뭇잎이
단풍 들지 못하는 것

산마루에 걸린 구름이
노을에 젖지 않는 것

그리고 당신

잊혀지지 않았는데
그립지 않은 것

詩답잖은 글을 쓴답시고

신열에 들떠
밤새 끙끙 앓아 봐라
깊이 간직했던 한 줌 꿈이
가슴 한복판을 훑고 지나가
껍데기만 남아도 좋으니
헛것이라도 좋으니

펼쳐놓은 백지 위에
신의 선물 같은 첫 문장[1]
한 줄 남는다면
어둠을 풀어 농담濃淡을 내서
깃을 치며 날아가는 한 마리 새를 그려라
그 새가 부르는 목청 좋은 노래
한 소절 얻을 수 있을 때까지
밤새도록 끙끙 앓아 봐라

詩답잖은 글을 쓴답시고 앉은

참 시답잖은 밤

---

1) 폴 발레리의 말 : 시의 첫 줄은 신이 주는 것

다시, 빈집

세찬 바람이 불자
심심하던 낡은 나무 대문이
혼자서 논다
덜컹덜컹, 문고리를 흔들어 보고
삐거덕, 몸도 비틀어 본다

볕바라기 하던 살구나무
화들짝 놀라서
웬일이니 웬일이니 손사래 치고
마당귀에서 빛바래던 비닐봉지도
오랜만에 들썩들썩 춤을 춘다

한바탕 소란을 피우던 바람
마당을 휘익 돌아 빠져나가면
인기척 없는 집
다시, 적막하다

글쎄

유충으로 물속에 살면서
허물을 벗고 또 벗고
드디어
성충이 되기까지 여러 해

지상에서 하루 또는 며칠
어지러운 군무로 살다가
생을 마감하는

이런 하루살이의 삶이
경건한 것인지
허무한 것인지

자평自評하다

합평회 날, 내 詩가
안정감 있다는 評인데
이상하게 지루하다로 들린다
낯섦도 설렘도 없이
거기가 거기 아니냐는

그렇다면 아직 가 본 적 없는
새길을 찾아봐?
그 길에서 만나는 칡넝쿨처럼
허리 굵은 나무 칭칭 감고
몸 비틀어 봐?

아냐, 아냐
슬몃 고개를 저으며
갔던 길 다시 가는
낯익은 뒷모습이 보인다

괜찮아, 괜찮아 다독이지만
전혀 괜찮지 않은
신발 밑 진흙 같은 생각들

안정감을
지루함으로 비틀어 버린
참 안정치 못한
어느 날의 심사心思

나이테

잘려진 나무의 밑둥에서
겹겹 웅크린 나이테를 보았다
끌어안았던 추위와 어둠이
상흔으로 남은 것이다

온힘을 다해
우듬지를 허공으로 밀어 올리던
기억을 품었는지 말없이
그러나 따스했다

나이테는
상처가 남긴 흔적
그 상처가 나무를 키웠듯
사는 일도
부대끼던 시간을 더듬어
나이테를 짓는 일이라면

기다려야 한다
만만치 않은 세상일들
단단한 무늬로 새겨져
둥근 一家를 이룰 때까지

직지直指, 그대 만나면

소식을 들었네
이역만리 낯선 땅에 발 묶여
돌아오지 못하는 그대
나, 그대를 만나면
부둥켜안고 아픈 세월을 울어보리

말해주길
앞섶 찢기어도 다시 옷깃 여미며
귀한 말씀 품은 채 견디었던
어두운 시간들을

꿈에서도 그리웠던
청주목 어느 산사의 갓밝이와
석찬과 달잠의 기도소리 끊임없던
저녁 어스름까지
정녕 잊지 않았다고 해주길

이제, 나
그대의 등을 다독이며 들으리
잊혀질까 두려웠던 날들에 대해
그리고 자랑스레 말하리
수백 년 흘러도 죽지 않은 활자活字
그 숨결로 태어난 최고最古의 등불
직지直指임을

4부

원효의 길

즈믄 눈의 미소
-도천수대비가

분황사 천수대비 벽화 앞에서
어머니 날 위해 기도하시고
나는 긴절한 소원을 노래하노니

  잠들었던 숲속의 어린 새들도
  아침이면 눈을 뜹니다
  허나, 생후 다섯 해 만에 눈먼 나는
  천 길 어둠 속을 헤매고 있사오니
  앞 못 보는 깊은 슬픔 불쌍히 여기소서
  천수대비 당신이 가지신
  즈믄 눈 중 하나를 나눠 주셔서
  보게 하소서, 광명의 세상을
  알게 하소서, 대자대비 그 은혜를

어느새 밤 깊어
대나무 우는 소리 등이 시린데
빌고 또 비는 어머니의 기도 소리
멈출 줄 모르는 나의 노랫소리

다리가 넷이어라
-처용가

노랫소리 끊일 날 없는
서라벌은 태평성대
휘영청 달빛 아래 놀다 보니 밤 깊었다

비틀걸음으로 집에 와 안방 문 열었더니
어라, 다리가 넷이네
둘은 분명 내 아내의 것
또 다른 둘은 누구의 것인가

가당찮은 변명에 피가 끓어 곤두선다
분하고 원통하니 멱살을 잡을까
이미 벌어진 일 관용으로 물리칠까

차라리 춤을 추자
덩실덩실 놀아보자
휘리리릭, 옷자락 휘날리며
미친 듯이 춤추는 내 맘을 누가 알리

역신아 역신아
용서를 베풀 테니 내 집에 얼씬 마라
문지방 넘어 멀리 줄행랑 땐
사악한 기운도 끌어안고 가거라

달빛이여 바람이여
-원왕생가

누가 나를 부르나
문밖 달빛이 날 부르네
잠 못 드는 이 밤
어둠을 밀어내며 문을 두드리네

누가 나를 부르나
문틈으로 스미는 바람이 날 부르네
늦도록 뒤척이는 사람에겐
한 줄기 바람도 애틋하지

방안을 비추던 불빛이
시나브로 사위어 갈 때
눈 감고 귀 세우면 들리는 소리
원왕생願往生
원왕생願往生
극락정토에 태어나길 원하는 기도 소리

그곳에 이르는 먼 길로
홀연히 떠나는 날에
길 훤히 비춰줄 달빛이여
어깨 겯고 걸어줄 바람이여

어떤 이별
-제망매가

발인제가 끝나자
검정 리무진의 뒷문이
서서히 닫힌다
어딘가에서 다시 태어나거든
아프지 말라는 당부로 널 보내는
새벽빛 시린 장례식장 앞

삶과 죽음에 대해 생각한다
때가 되면 누구나 가야 할 길이지만
한 번 가면 돌아올 수 없는 길
맵싼 바람에 맥없이 떨어진
파리한 나뭇잎, 널 이렇게 보내면
어쩌나 그리움으로 흔들릴 수많은 날들을

그렁한 눈물 감추려고 뒤돌아
올려다본 갓밝이 하늘에
네 모습인가 창백한 하현달이 떠있다
간다는 낯익은 목소리 이명으로 울어
황망한 이별 앞에 허둥대는데
검정 리무진 하현달을 싣고 떠나간다

아, 길이 닫힌다

널 어찌 잊으랴 하신
-원가

산마루에 올라
뉘엿뉘엿 지는 해를 바라본다
가슴속에 품어 온 언약 하나가
뚝, 눈물방울로 떨어지는 저녁

무성한 잣나무 가을 와도 시들지 않듯
나를 중히 여겨 잊지 않겠다던
지엄했던 약속이 까맣게 잊혀졌나

그리움이 원망으로 변해
그대 뜰 안의 잣나무를 시들게 해도
아직 내 충절은 변함없으니
님이여 부디 잊지 마시라

오늘도 우러르는 북향의 하늘가
그대와 나 맺었던 맹서가
길을 잃고 허공을 헤매고 있다

산화공덕
-도솔가

하늘에 두 해가 떠 있네
두 해가 어찌 한세상을 비출까

귀신은 향내와 빛을 싫어하고
꽃을 뿌리면 부처가 와 앉는다 하니
뒤숭숭한 시절
산화공덕으로 변괴를 물리쳐야 하리

용루에 올라 산화 노래 부르며
꽃송이를 구름 위로 날려 보내면
흩어진 꽃잎들이여
떨어진 꽃잎 위에 기껍게 앉으시는
도솔천 미륵불을 청해다오

산화공덕으로
해괴한 해는 필시 사라지고
남은 한 해가 세상을 환히 비춰
하늘은 본디 모습으로 다시 푸르리

영재 노인 오신다면
-우적가

백성 위에 군림하는 조정의 권력가들
그들이 도적 중의 도적인지라
에잇, 보기 싫다 은거 길에 나선 노인

대현령에 이르러 가쁜 숨 몰아쉴 때
시퍼런 칼 들이대는 한 무리 산도적들
도적 피해 나선 길에 또 다른 도적이네

등짐을 뺏으려 충혈된 눈빛 보고
꼿꼿한 자세로 타일렀다지
욕심에 눈먼 어리석은 중생들아
재물은 지옥 가는 죄악의 근본이다

요즘 세상 어떤가 신문을 펼쳐보니
서민 등친 사기꾼들 왜 이리 많은가
TV를 켜보면 그쪽도 가관이다
한몫 챙겨 걸려든 정치판의 파리 떼
포토라인 앞에서 엉거주춤 그 꼴이란

영재 노인 살아서 이 세상에 오신다면
혀를 끌끌 차시며 한마디 하시겠지
그때나 지금이나 어찌 그리 똑같은고

태평성대 원하면
-안민가

이 세상 가장 어려운 말
'답게'
이 시대 제일 절실한 말
'답게'

부모답게, 자식답게,
국민답게, 정치인답게

경덕왕이 충담 스님께 묻습니다
태평성대 이루려면 어찌해야 합니까
스님 답하십니다
나라의 태평을 묻는다면
군다이, 신다이, 민다이지요[1]

제 본분本分 지키며
'답게' 살라는
죽비 내려치는 소리
군다이, 신다이, 민다이

---

1) 군다이, 신다이, 민다이 : 임금답게, 신하답게, 백성답게

꽃을 꺾어 바치오리다
-헌화가

화창한 봄날
파도 넘실대는 바닷가를 지날 때
수로부인, 한 마리 나비처럼
가마에서 사뿐 내려서

가녀린 손끝으로 가리키는 곳
하필 발길 닿을 수 없는 천 길 벼랑 위
그곳에 핀 철쭉꽃을 꺾어 오라니
뒤따르던 뭇사람들 고개를 절레절레

암소를 끌고 가다 고삐 놓은 이 늙은이
정녕 아니 부끄러워하신다면
깎아지른 절벽쯤 무슨 문제랴
주저 없이 오르리 아찔한 벼랑 끝에

꽃을 꺾어와 그대에게 바칠 때
흐드러진 산철쭉 꽃잎 위에다
붉어진 내 마음 슬쩍 올려놓을 테니
하르르 내려앉아 나래를 접고
향기에 취하시라, 흠뻑 취하시라

연꽃으로 피다
-서동요

그대, 사랑을 만나려면
마래방죽[1]에 가야 하리
밤마다 몰래 맛둥서방을 안고 간다는
오래된 서동의 노래가
무성한 연잎 사이에서 일렁이는 곳

달빛 쏟아지는 밤이면 지금도
서동과 선화가 바람결을 타고 내려와
천 년 전, 반월성 문 앞을 서성이던
푸르른 날들을 반추하면서
그때가 지금인가
지금이 그때인가

연꽃향에 취해 밤새 사랑가를 부르다가
새벽녘 이슬 털며 천상으로 돌아갈 때
그제야 숨죽이며 지켜보던 꽃망울들
천지사방 불꽃처럼 터지는

천만 송이 연꽃을 보기 전에는
사랑을, 어찌 사랑을 말하리

---

1) 마래방죽: 궁남지의 다른 이름. 무왕(서동)이 선화공주를 위해 만들었다는 정원

공덕 닦으러 오다
-풍요

잠깐 사이,
저녁 해 서쪽으로 기울어
낮은 구름이 붉은 노을에 젖었다

　오다 오다 오다
　오다 서럽다여[1]

호미 괭이 삽을 들고 흙을 파내
소쿠리 가득 차면 등짐을 지고
영묘사 언덕을 오르내리는 사람들아
몇 겁劫 지나 그대들 여기에 왔는가

묻고 또 물어도
세월의 깊이를 가늠할 수 없어
삶은 어차피 막막해라
돌아보면 찰나刹那를 사는 우리
어쩌겠나 덕을 쌓으며 살아갈 밖에

  서럽다 우리들이여
  공덕 닦으러 오다

1)양주동譯 인용

거풍 擧風
-팔만대장경

바람의 소리를 듣고
바람의 결을 만졌으니
이게 바람이라고
이게 바람의 전부라고

아, 어느 날
해인사 수다라장 다락에 계시던
팔만대장경 인경책들이
밖으로 나오셨는데

제 몸을 내어준 후박나무에
날카로운 칼끝이 스쳐 간 자리마다
글꽃으로 피어난 그 책들을

스님들, 한 장 한 장 넘기며
123년 만에 갈피 갈피에
달디단 바람을 넣어주시는데

대장경 속 잠들었던 글자들이
보송보송해진 얼굴로
은어 떼처럼 튀어 오르며 말씀하시네

네가 만났던 바람의 소리
네가 만졌다는 바람의 결
그게 다가 아니라고
그게 전부가 아니라고

그렇게 오너라
-성덕대왕신종

울어라 아가야
벌은 내가 받을 테니
끓는 쇳물 속에 꽃 같은 널 던지고
나는 화염으로 탄다

독한 어미 찾으며
에밀레 에밀레 끓일 듯 끓일 듯
도리질 치는 저 종소리
어린 영혼을 삼킨 목울대
어찌 노래가 되랴

울어라
바닷가 오두막에
때가 되어도 굴뚝 연기 오르지 않아
배고픔에 뒤척이던 수많은 날들
아가야, 이제는
솥 적다 솥 적다 우는
소쩍새 울음으로 울어라

연화좌에 앉아 빌고 빌어
천년 후, 눈물 밖 어느 세상에
다시 태어나거든

차라리 침묵하는 종이 되어라
끝끝내 입을 닫아
당목으로 쳐도 울지 않는 범종 되어
세상에 오너라 내 아가야

첨성대

밤이 오면
362개 돌을 둥글게 쌓아 올린
탑 안으로 들어가
벽을 타고 오르는 사내가 있다
허공으로 이어지는
황망한 수직의 절벽을
매일 밤 오르는 사내

28수 별자리를 짚어가며
서라벌 하늘에 생길을 내다가
그 길 위에다 눈물을 떨구기도,
쏟아지는 별빛에 가슴 뜨거워지기도

아침이면 사라질 꿈을 붙들고
또록, 또록, 뚜 뚜 뚜
밤새도록 뭇별을 헤아리며
자신의 꿈을 타전하는 목마름

싸락싸락 별빛 내리는 밤이면
자신도 모르게 오르는 정자석井字石
그 어둠에 걸터앉아
동서남북 귀퉁이마다 디딤돌을 놓으며
뚜 뚜 뚜 또록, 또록,
별들의 안부를 묻는
한 사내가 있다

주홍글씨로 남은
-정림사지 5층 석탑

손갓을 하고 올려다본 그는
5층의 탑신이 늠름한
사비의 탑이었다

그런 그가 말했다
몸돌 한복판에 새겨진
치욕의 상처를 보았냐고
글씨의 붉은 빛은 희미해졌지만
온몸에 문신처럼 남겨진
2162字의 수모를 아느냐고

소정방이 백제의 땅을 짓밟은 그날
살아남았음이 부끄러움이었다는,
'대당평백제국비명大唐平百濟國碑銘'[1)]
적국의 승전보가 새겨진 몸이라
목숨을 부지한 기구한 운명이라는

그의 말은 하늘 끝 먹구름을 몰고 와

정림사지 너른 벌판이 어둑신했다
패망한 나라의 한을 품고 살아야 했던
석탑의 낯빛도 어두웠다

---

1) 백제를 멸망시킨 당나라 소정방의 전승기공문
　 백제를 정벌한 기념으로 석탑에 새긴 글

원효의 길
-분황사 모전석탑

동이 트기 전
석탑 둘레를 도는
원효의 모습이 보인다

비 퍼붓던 그날
갈증에 잠이 깨어 마셨던
해골물이 달지 않았다면
돌아서지 않았겠지

답을 구하러 나선 길
부처는 왜
피와 살을 다 비워낸 그 안에
일심一心이란 빗물을 준비했을까

도반과 헤어져 돌아온 그를
말없이 품어준 모전석탑
감실 앞을 지키는 금강역사가
기지개를 켜는 어스름 속

부처는 곧 마음이라는
깨달음 하나
원효 뒤를 따르고 있다

명복을 비는 마음
-토우장식 장경호

그게 산 사람의 마음인 거야
이승이나 저승이나 살음살이는 매일반일 터
잘 먹고 잘 놀고 사랑하라고
무덤 속에 넣어준 눈물의 부장품

저세상에서
좋은 사람 만나 찐사랑 나누고
신라금 둥기둥기 즐겁게 놀다가
아들 딸 낳아 잘 키우라고
커다란 항아리에 토우를 장식했네

정성으로 빚은
새, 개구리, 뱀, 거북이
온갖 귀신을 물리쳐 편하게 지내라며
붙이고 또 붙인 산 사람의 염원

죽어서도 잘 살기 바라는
보내는 사람의 마음인 거야

기다림
-희랑대사좌상

부르면 달려가 손잡으며
사제의 정 나누던 우리였는데
오랜 세월 남북으로 나뉘어 살았네

그 경계를 넘어 먼 길 달려올
그대 그리며 비워둔 자리에
꿈인 듯 오려나 자꾸 눈길 머무는데

꽃무늬 장삼 차려입고 산문을 나설 때
그 설렘은 덧없는 구름이었나
저물도록 가슴만 물들이는 쪽빛 그리움

설렘도 그리움도 한낱 욕심이려니
주름 깊은 얼굴로 담담하게
빈 좌대 곁에 동그마니 앉은 스님

평론

시간과 공간의 직조기술
침묵의 언어를 해방시키다

구미리내(문학박사, 명지대 객원교수)

평론

시간과 공간의 직조기술
침묵의 언어를 해방시키다

구미리내(문학박사, 명지대 객원교수)

    바람이 제법 세차게 불던 어느 날 카페 창가에 앉아 한 시인에게 넘겨받은 시편들을 읽어 내려간다. 읽는 내내 봄 같았다. 그러기에 감히 칠십 대의 안시인을 '노(老) 시인'이라고 단정 지을 수 있을까 조심스러웠으나 나는 생각을 고쳐먹고 '(오랜) 노시인'이라고 당당히 이름 붙여 본다.

    내가 안 시인을 '(오랜) 노시인'이라고 부르는 데는 그 이유가 있다. 나는 안시인을 알고 지낸 지 참 오래되었다. 30년은 족히 넘은 듯하다. 어쩌면 나의 시 인생보다 오래된 인연이며, 알게 된 순간부터 안시인은 계속 시를 써온 오랜 시인이기 때문이다.

    그래서였을까 4부로 나뉘어져 있는 그의 시집은 마치 칠십 평생 묵은 시심을 차곡차곡 눌러 담은 듯함이 느껴졌다. "바짝 마른 가슴엔 어떤 꽃도 피지 않음을 아"(시 「곰팡이꽃, 피다」 중)는 시인의 가슴에 어떤 시가 피었을지 자못 궁금해 페이지를 넘기는 손이 빨라진다.

 원래 서정시란 대상을 재현하는 것이 아니라 자기표현이라고 한다. 주관적 경험이나 내적 세계를 표현하는 것이 서정시 스타일이라는 의미다. 그러기에 서정시는 흔히 경험의 독백적 표현이라고도 불린다. 전달이 아닌 표현, 그러다 보니 서정에는 청중이 필요없다.
 이런 점들이 독자들에게는 자칫 시는 어렵다는 인식을 갖게 하기도 하지만 안금자 시인의 시는 철저히 서정적이고 문학의 자존심을 유지하면서도 잘 읽힌다는 장점을 가지고 있다. 시인 자신이 시를 어떻게 직조하여 완성하여야 할지 잘 알고 있다는 뜻이리라.
 시인들은 자면서도 언어를 꿈꾼다. '죽어서도 꿈꾸고 싶다는 노시인의 말씀'(시 「眼福」)처럼 그렇지 않고서는 도달할 수 없는 언어의 세계가 있다는 것을 뼈저리게 느끼고 있기 때문일 것이다.
 문학이야말로 언어를 통해 구체적으로 형상화하는 작업이다. 언어 행위는 시간과 공간을 통해서 일어나기에 구체화한다, 또는 형상화한다는 의미는 즉 공간화와 시간화라고 할 수 있다. 사실 우리가 '바람'이라고 부르는 하나의 명사도 사실은 시간이나 공간의 문맥적 도움 없이는 어떤 결과도 이끌어내지 못하고 침묵할 수밖에 없는 추상적 존재다.

그러나 '마당을 쓸고 가는 바람'이라고 한다면 바람은 그 침묵을 깨고 독자에게 어떤 의미를 부여하며 다가온다. 여기에 덧붙여 '아침마다 나 몰래 마당을 쓸고 가는 바람'이라고 한다면 시간화와 공간화 속에서 생동감을 느낄 수 있는 구체적인 바람으로 불어오게 된다. 이렇듯 개념의 시간화나 공간화는 침묵 속에 갇힌 언어의 해방이라고 할 수 있다.

세찬 바람이 불자
심심하던 낡은 나무 대문이
혼자서 논다
덜컹덜컹, 문고리를 흔들어 보고
삐거덕, 몸도 비틀어 본다

볕바라기 하던 살구나무
화들짝 놀라서
웬일이니 웬일이니 손사래 치고
마당귀에서 빛바래던 비닐봉지도
오랜만에 들썩들썩 춤을 춘다

한바탕 소란을 피우던 바람
마당을 휘익 돌아 빠져나가면

인기척 없는 집
다시, 적막하다

- 시 「다시, 빈집」 전문

집은 시인들에게 아주 좋은 소재다. 내가 살던 지나간 시간이 주는 그리움, 내가 사는 공간이 주는 아늑함, 내가 살고 싶은 희망이 주는 기대감 등이 그렇다. 집이라는 하나의 소재에도 과거, 현재, 미래를 녹인 시간과 공간이 어떻게 적용되느냐에 따라 수백가지 내용으로 조합될 수 있다.

그런 면에서 추상적인 거주 공간의 '집'이라는 단어는 시간과 공간의 접목을 통해 침묵을 깨고 시인만의 '집'이 될 수 있는 것이다. 이 작품에서는 집 중에서도 비어 있는 집이다. 존재없는 빈집, 거기에 '다시'라는 부사를 통해 시인만의 새로운 의미를 만들어 내고 있다.

'다시'는 사전적으로 여러 가지 쓰임새가 있다. 되풀이의 의미도 있고 방향을 바꾼 새로움의 뜻도 있고 멈췄다가 계속한다는 뜻도 가진다. 그렇게 본다면 이 시의 방점은 '다시'에 찍힌다. 집은 빈집이 되었다가 누군가 공간을 채우는 집이었다가 '다시' 빈집이 된다. 집-빈집-집이라는 순환에 결정적 역할을 하는 것은 바람이다. '바람이 분다'할 때의 바람은 수동적이고 추상적인 구조다. 그러나 시 「다시, 빈집」에서의 바람은 집의 의미를 변화시켜주는 능동적인 주체가 된다.

　낡은 대문이 지키던 빈집에 '세찬 바람이 불자' 덜컹덜컹 활기가 돌고 나무는 손사래까지 친다. 빛바랜 비닐마저 '들썩들썩' 춤까지 추게 만든다. 이 시에서 바람이 부는 것은 단순한 자연의 현상이 아니라 언어를 통한 시의 구체성을 확보하는 행위다. 3연에서 '소란'이라고 표현하고 있지만 이 소란은 집을 당황하게 하는 부정적인 시끄러움이라기보다 '심심하던' 빈집을 집으로 변환시킬 수 있는 능동적인 움직임의 표현이라고 여겨진다. 바람은 잠시나마 빈집이었던 곳을 '집'으로 만들어 인기척을 느낄 수 있게 한다.

　그리고 '몸도 비틀고', '손사래 치고', 춤을 춘 동적인 존재였던 집은 바람이 마당을 빠져나가며 '적막'으로 끝나버린다. 인기척 없는 적막은 집을 다시 빈집으로 돌려놓는다. 시인은 이런 시간화와 공간화의 과정 속에서 무형의, 그러나 움직이는 '바람'과 유형의, 그러나 고정된 '나무대문'이나 '살구나무'를 대비시키며 시를 역동적이게 만든다. 이런 시인의 세심한 창작은 시의 구조를 더 탄탄하게 만든다. 바람은 빈집을 집으로 만들어 주는 주체이자 '집'이라는 장소를 통해 하나의 시적 주체가 될 수 있는 것, 사물의 구체화는 시가 보여주는 궁극의 언어 행위가 아닐까 싶다.

　신열에 들떠

밤새 끙끙 앓아 봐라
깊이 간직했던 한 줌 꿈이
가슴 한복판을 훑고 지나가
껍데기만 남아도 좋으니
헛것이라도 좋으니

펼쳐놓은 백지 위에
신의 선물 같은 첫 문장*
한 줄 남는다면
어둠을 풀어 농담濃淡을 내서
깃을 치며 날아가는 한 마리 새를 그려라
그 새가 부르는 목청 좋은 노래
한 소절 얻을 수 있을 때까지
밤새도록 끙끙 앓아 봐라

詩답잖은 글을 쓴답시고 앉은
참 시답잖은 밤

　　　　　-시 「詩답잖은 글을 쓴답시고」 전문

　언어적 아이러니는 가장 일반적 의미의 아이러니다. 표현한 것과 의미된 것의 상충에서 오는 시적 긴장이라고 할 수 있다. 즉 숨겨진 뜻과 대조되는 발언이 언어적 아이러니가 된다. 이번 작품에서는 2연에서 드러나듯 시답잖다의 '시'와 '詩'가 이중적 의미를 지니는 언어적 아이러니라 할 수 있다. 이 한 줄의 표현을 통해 시인은 시답잖은 밤이지만 '진짜 詩를 쓰는 밤'이 되기를 간절히 바라는 속마음을 표현하고 있다. 그만큼 간절한 안금자 시인만의 시를 향한 열정을 읽을 수 있는 작품이다. 이 열정은 상징적인 시간인 '밤'을 통해 이루어진다. 창작을 향한 열망이 '밤'이라는 시간으로 구체화 되고 있는 셈이다. 시인은 그냥 죽도록 시를 쓰고 싶다는 추상적인 표현 대신 '밤새 끙끙 앓는다'는 시간화의 구체적 표현을 통해 독자들에게 공감을 얻어낸다.

공감을 향한 시인의 노력이 시를 잘 읽히게 만드는 것은 당연한 일이다. 또 이 꿈이 지나가는 공간은 '가슴 한복판'이라는 구체성을 갖는다. 가슴 한복판을 훑고 지나가야지만 뭔가 뜨거움을 느낄 수 있을, 시에 대한 열망은 밤을 지나 시인의 가슴에서 지펴지고 끝내는 껍데기만 남겨지더라도 '끙끙 앓아'보고 싶다고 노래한다.

여기서 詩는 '깊이 간직했던 한 줌 꿈'의 다른 이름이다. '껍데기', '헛것', '백지'가 갖는 공통적 의미는 '없음', '비었음'이다. 일반적으로 볼 때 이 시어들은 부정적인 의미를 드러낸다. 알맹이 없는 껍데기, 실제가 아닌 헛것, 아무것도 채우지 못한 백지는 존재감 없는 無 자체다.

그런데 시인은 이렇게 되어도 '좋다'고 말한다. 이 시에서 비어있음은 아무것도 없음이 아닌, 모든 것을 불태운 존재 증명의 '비어있음'이기 때문이다. 한 줌의 꿈이 껍데기만 남는 헛것이어도 밤새 끙끙 앓아 보고 싶은 시인의 욕망은 얼마나 소탈한가. 앓느니 죽는다는 속담도 있지만 시인은 죽는 한이 있어도 앓고자 한다. 이 앓음이 한 줌의 꿈인 시를 詩답게 할 수 있는 방법임을 시인은 너무도 잘 알고 있다.

열정의 시간이었던 1연, 2연의 '밤'은 시의 마지막 줄에서 시답잖은 시간의 '밤'으로 변화된다. 열정의 '밤'은 그렇게 되고자 했던 열망이 담긴 시인의 시간, 미래의 시간이라면 시답잖은 시간의 밤은 현재의 시간, 그렇게 되지 못한 시인의 안타까운 결말의 시간으로 귀결된다.

시다운 시를 쓰기 위해 필요한 밤은 끝내 도래하지 못하고 결국 시인의 밤은 앓기만 하고 끝내고 시답잖은 글만 백지를 채운다. 채워진 문장은 그러나 헛것 그 자체다. 시인의 詩가 시답잖아서 그런 것이라기 보다 시인은 늘 詩다운 것에 목마르고 배고픈 사람이기 때문이리라. 꺼내도 꺼내도 끝없이 재물이 솟아나는 것이 화수분이라면 詩는 채워도 채워도 껍데기 같은 아쉬움이 남는 것이 아닐까. 이것은 어쩌면 언어적 아이러니를 꿈꾸는 시인의 숙명일지도 모르겠다.

예술가, 특히 시인은 여러 이유에서 아이러니한 인물이다. 잘 쓰기 위해서는 창조적이면서도 너무 생소해서도 안

되고 시인만의 상상력을 드러내는 주관적인 표현을 쓰면서도 독자의 공감을 얻어내야 하는 객관성이 필요하며 현실에서 소재를 찾지만 그것은 허구여야 함과 동시에 정서적이고 이성적이어야 하기 때문이다.

시인 엘리어트는 이 아이러니에 대하여 위트의 성격으로 규정짓기도 한다. 여기서 위트란 일종의 경험을 취급하면서도 또 다른 종류의 경험세계를 확인케 하는 내적 균형을 의미한다. 다시 말하면 부조화의 조화라고도 할 수 있다. 아이러니는 어떤 주석도 필요없이 상반된 혹은 상이한 견해를 병치하는 문학적 구조임과 동시에 직설법으로서 가능한 것보다도 더욱 넓고 풍부한 의미를 표현하는 것을 나타낼 수 있다.

'A4용지를 가득 채우는 시인의 약력 소개/ 현란한 나열'(「어느 시인에게 2」)에서 가득채움은 풍요이고 일반적으로 풍요는 안정이다. 그런데 여기서 '가득'은 아이러니하게 다음 행에서 '현란한 나열로' 정의되고 있다. 현란함은 화려함이라는 이미지도 가지고 있으나 그보다 질서없는 어지러움이라는 뜻에 가깝다고 볼 때 안정이 아닌 불안정이다. 그것을 뒷받침해주는 표현들, '가볍게 쓴 시들 위에/ 무겁게 내려앉는 이력들 /마치 허겁지겁 빗물을 들이켜고 /제 무게를 못 이겨 쓰러지고 마는'(「어느 시인에게 2」)에서 '무겁게 내려앉'고 '허겁지겁' 들이키면서도 결국엔 무게를 못이겨 쓰러지고 만다. 가득채웠지만 안정감을 주지 못하고 불안정하게 쓰러지고 마는 아이러니를 통해 시인은 현란한 나열 속에 위태위태한 어느 시인의 삶을 비꼬기도 하지만 한편으로 현란하기는커녕 신통치도 못해 위태한, 스스로에 대한 질책을 함께 취급하고 있다.

시인의 시에 대한 식지 않는 열망은 아래 「폭시」라는 작품에서 한층 더 구체화되어 드러난다. 시답잖은 '밤'을 지나 시인은 '온종일' 시에 몰입하면서도 만족할 수 없는 결과물에 '눈물'을 흘린다.

마음이 허전한 날
온종일 시를 읽었다
책꽂이에서 시집들을 골라내
눈앞에 탑을 쌓아놓고

고개를 젖혀 목을 풀고
손바닥으로 두 눈을 비벼대며
꾸역꾸역 읽고 또 읽고

詩가 풀어져 文字가 되었다
문자가 흩어지더니 맥없이
책상 아래로 굴러 떨어졌다

아무리 읽어도
허기는 채워지지 않고
詩도 제대로 보이지 않고

갑자기 눈물이 났다

　　　-시「폭시暴詩」전문

　詩답잖은 글을 쓴답시고 시답잖은 밤을 보낸 시인의 마음은 껍데기 그 자체다. 시인의 가슴 한복판을 훑고 지나갈 만한 꿈이 완성되지 못했기 때문이다. 쓰지 못한 밤을 만회라도 해보려는 것일까.「폭시暴詩」에서 화자는 밤보다 긴 '온종일'이라는 구체적인 시간을 들여 시를 읽어낸다. 온종일 시를 읽어도 허전한 '날'이다. '탑을 쌓아놓고' 읽어도, '꾸역꾸역' 읽어도 허전한 마음을 달래는 것은 詩가 아니라 文字다.
　시는 언어로 쓰여지지만 언어가 시는 아니다. 문자는 언어를 적어내는 시각적인 기호체계일뿐이다. 문자를 시로 만드는 것은 시인의 힘인데 이 시에서 시인은 책상 아래로 떨어지는 문자들을 받아내지 못하고 힘쓰지 못하는 스스로를 자책하며 운다. 여기서 시인의 좌절은 '(시집들의)탑을 쌓아놓고'와 '(문자가)책상 아래로 굴러 떨어졌다'의 대비를 통해 극적으로 드러난다.

'시집'과 '문자'의 의미적 대비도 대비지만 '탑'과 '아래'라는 공간적 (장소, 방향) 표현들에 주목해보자. 탑은 위로 올라가는 상승의 방향성을 가진 대상인데 반해 '아래로 굴러 떨어졌다'는 표현은 수직 하강의 이미지를 갖는다. 위로 가는 탑과 책상 아래로 굴러 떨어진 문자 사이의 시간적, 공간적 틈은 메우지 못할 만큼의 엄청난 간격으로 불어난다. 이 간격만큼 좌절하고 있는 시인의 마음을 드러내고 있음이다.

  문자로 도저히 채워지지 않는 허기는 결국 시인을 눈물 흘리게 한다. 하지만 '꾸역꾸역'이라는 부사를 통해 시인은 결코 포기하고 싶지 않은 시인을 향한 길을 드러낸다. 꾸역꾸역의 사전적 의미를 빌려오자면 '한군데로 잇따라 많은 사물이 몰려들어가는 모양'이다. 문자와 탑 사이의 틈 속으로 꾸역꾸역 밀려들어가는 폭시暴詩. 시인은 앞서 말한 좌절의 간격에 혼란스러워하지만 자신도 알지 못하는 사이에 '꾸역꾸역' 메우고자 하는 의지를 드러낸다.

  눈물이 날만큼 힘든 과정이지만, 더구나 문자로 흩어져 굴러 떨어지는 詩들을 보면서도 책을 덮지 않고 꾸역꾸역 읽고 또 읽어내고 있다. 책을 덮는 일은 시인에게 '포기'를 의미하는 것일까. 시답잖은 시를 쓰는 일, 暴詩로 눈물이 나는 일은 시인만이 겪는 고난의 과정을 현실화하고 있는 일임은 분명하다.

1
한 줄 읽고
두 줄 졸고

한 구절 기억했다가
두 구절 까맣게 잊어버리고
(중략)

             2
읽다 펼쳐둔 그 책을
바람이 뒤적인다

갸우뚱갸우뚱 영 모르겠는지
앞장 뒷장 넘겨보다가
휘릭, 가 버린다

밀쳐둔 이유를
이제 너도 알겠니?

            - 시 「여름나기」 부분

　　이미지는 관련되는 다른 말들의 제한을 받아 더 명료해진다. 구체성과 명료성은 단어가 놓여진 문맥에 의해 결정

되기 때문에 그것을 보통 문맥적 의미라고 한다. 문맥적 의미는 한 단어가 다른 단어들과 결합함으로 생겨나는 의미이므로 언어학에 속하는 문제가 아니라 표현 기술의 문제다. 바람도 문맥에 따라 다르게 분다.

어떤 시어와 결합하느냐에 따라 바람의 방향은 다를 테니까. 안금자 시인의 시에서 그것을 찾아내는 읽기 놀이는 꽤 흥미진진하다. 앞의 시 「다시, 빈집」에서의 바람과 「여름나기」에서의 바람만 보더라도 알 수 있다. 시인을 통한 언어의 해방은 이렇듯 참신한 이미지로 거듭난다.

1에서 화자로서의 시인은 「폭시暴詩」에서처럼 여전히 시가 어렵다. '한 줄 읽고 두줄은 졸고' 있다. 한 구절은 기억하지만 두 구절은 '까맣게 잊어 버리'기 일쑤다. 70이 된 오랜 노시인에게 글은 또 하나의 장애물이 되고 있다. 2에서 등장하는 '바람' 역시 시인이 읽다만 책을 뒤적인다. 앞장, 뒷장 넘겨보다가 '영 모르겠는지' 휘릭 가버린다.

「다시, 빈집」에서의 바람의 이미지는 집의 의미를 변화시키고 시제목에 나타나듯 '다시'를 완성시키는 능동적인 주체였고 '집'과 '다시'와 결합함으로 집의 의미를 순환시키는 역할을 한다. 「여름나기」에서의 바람 이미지는 그저 시인이 펼쳐둔 '책' 과 결합하며 앞장, 뒷장을 뒤적일 뿐이다. 시인이 펼쳐둔 책을 뒤적이다 가버리는, 지나가는 객客의 이미지로 '여름 한때'의 시간성으로 표현된다. 같은 시어지만 이미지의 표현 하나에도 시인의 언어 해방행위는

신중하게 결정됨을 알 수 있다.

   그러나 자세히 살펴보면 「여름나기」 1부분에서의 시인의 모습과 2부분에서의 바람의 모습은 크게 다르지 않다. 두 구절을 '까맣게 잊어버리는' 시인이나 앞 뒷장 넘겨보면서도 '갸우뚱'거리는 바람의 모습은 영락없이 똑같다. 시는 여전히 어려운 시인, 결국 1이나 2나 책 속의 내용을 이해하지 못하고 있는 시인 자신의 또 다른 모습이다. 하지만 「폭시暴詩」에서처럼 심각하게 받아들이지 않는다. 심각하게 여기지 않는다고 해서 시인의 열정이 식었다는 의미는 아니다. 특히 이 시에서 주목할 부분은 '읽다 펼쳐둔'이라는 부분이다. 앞의 「폭시暴詩」 해설에서도 언급한 바 있지만 눈물이 날 정도로 힘든 시 읽기, 시 창작의 시간을 겪으면서도 시인은 책을 '덮지' 않는다는 사실이다. 사소하지만 지나칠 수 없는 이러한 표현 안에서 우리는 시인의 구체화된 의지를 읽어낼 수 있다.

   시인은 시를 쓸 때 시 한 편, 시집 한 권을 관통할 수 있는 구체성과 명료성의 확보를 위해 직조기술을 펼친다. 그렇기에 잘 짜여진 구조 속의 숨겨진 의미와 섬세함을 우리는 잘 읽어내야할 의무도 있다. 책을 덮거나 던져놓는 일은 안금자 시인에게는 허락되지 않는다. 이해가 되지 않아도, 제대로 보이지 않아도, 문자로 흩어지는 한이 있어도 결코 포기하지 않고 그냥 펼쳐둘 뿐이다. 펼쳐두면 언젠가는 바람이 되어서라도 와서 읽고 갈, 시를 향한 사랑이 탄탄하다.

식탁 위 비닐봉지 속 빵에
곰팡이가 피었다
바쁘다는 핑계로 무심했던 며칠
홀로 수묵의 꽃을 피운 것이다

바짝 마른 가슴엔
어떤 꽃도 피지 않음을 안다
외로워 본 적 없는 꿈은
개화의 기쁨을 만날 수 없음도 안다

적막한 오후
곰팡이 핀 빵을 바라보며
이제는 되돌릴 수 없는
보드라웠던 시간을 헤아리면

한 송이 꽃으로 핀
먹빛 외로움이
빤히 나를 바라본다

    -시「곰팡이꽃, 피다」전문

시는 필연적으로 주관적이며 낯설은 발견의 언어일 수

밖에 없다. 따라서 의미를 상징하는 언어는 일상적 용법을 벗어나 애매성을 지닌다. 이는 시어의 내포성이나 문맥과도 관련되는 일이지만 애매성은 보다 시어의 구체적 분석이라는 점에서 다른 의미를 지닌다. 하지만 시어에서 애매성은 일상적 언어의 특수한 예라기보다 시어의 기본적 속성이라고 할 수 있다. 합리적 일관성을 지닌 객관적 언어와 감정적 일관성을 지닌 시적인 언어와의 상반된 거리에서 시어의 애매성은 드러나게 된다.

물론 여기서 말하는 '애매성'은 일상적 언어의 애매하다 혹은 이해하기 어려운 난해하다와는 다른 차원이다. 여기서 애매성은 하나의 시적 표현이 몇 가지 의미를 갖는, 일상적 의미를 넘어선 의미의 풍부성 혹은 시어의 새로운 방식을 의미한다. 그런 차원에서 볼 때 「곰팡이꽃, 피다」는 애매하고 난해한 표현을 갖는 시가 아니라 '곰팡이'를 새로운 방식으로 바라보고 주관적이고 낯선 언어의 발견을 통해 시어의 구체성을 확보하는 작품이다.

객관적 언어의 성질을 지닌 곰팡이, 시의 밖에서는 한낱 균에 불과하지만 일상적 용법을 벗어난 낯선 발견의 언어를 통해 곰팡이의 외로움을 꽃으로 피게 할 수 있다. 시인은 그 '개화의 기쁨'을 놓치지 않는다.

바쁘다는 핑계로 방치했던 비닐봉지 속 빵에 그저 보기 싫은 곰팡이가 생긴 것 뿐인 일상에서도 시인은 사유하여 시를 꽃피울 줄 안다. 시커먼 곰팡이의 색도 수묵의 꽃, 먹빛 외로움으로 치환할 줄 아는 깊이는 어쩌면, 시인이 되기까지 굴러 떨어진 文字를 주우러 수없이 내려앉았던 밑바닥에서 '다시' 올라오는 깊이의 탄력에서 묻어 나오는 것일 수 있다.

'바짝 마른 가슴'엔 '어떤 꽃도 피지 않'는다는 것을 시인은 알고 있다. 다시 정리해보면 '꽃을 피우기 위해서'는 어느 정도 가슴이 젖어있어야 한다는 뜻으로 해석할 수 있다. 그러나 이 '젖음'은 실제 물기를 의미하는 것은 아니다.

일상적 용법에서는 물을 주어야 수분을 머금고 꽃이 피어나겠지만 안금자 시인이 의도하는 바는 '외로움'이다. 꽃을 피우기 위해서는 외로워야 한다는 것이고 여기서 '꽃'은 실제 꽃이 아니라 詩이리라. 그렇다면 '외로워 본 적 없는 사람은 개화의 기쁨, 시 창작의 기쁨'을 맛볼 수 없다는 의미로 귀결된다.

다시 시의 1연으로 돌아가 보자. 일상적이고 과학적 원리로 곰팡이를 본다면 습기를 만난 포자가 곰팡이를 피우는 것이지만 우리가 주목해야 할 것은 시인이 '바쁘다는 핑계로 무심'했던 시간이다. 이 시간 동안 발생한 '외로움'을 먹고 곰팡이는 '수묵의 꽃'을 피운 것이다. '회색빛 곰팡이(꽃)이 피었다'고 말하지 않는다.

이 의미는 시인이 무심해서 방치되었다는 행위에 중점을 둔 것이 아니라 '그 시간 동안 느꼈을 식빵의 외로움'이 중심이다. '식탁 위 비닐봉지 속'이라는 공간화와 '무심했던 며칠'이 낳은 시간화의 구체성이 만나 '먹빛 외로움'이라는 결과로 탄생하는 장면은 뭉클하기까지 하다.

때로 우리는 보이지 않는 세계, 현실적으로 경험할 수 없는 세계를 그리며 꿈꾼다. 이런 세계는 경험할 수 없는 상상의 세계라고 할 수 있다. 상징이란 이와 같은 초경험의 세계의 것이며 이런 의미에서 상징은 단순한 기호와 구별된다.

지시하는 점에서 기호처럼 보일 수 있으나 직선이 아니라 이중이다. 단순한 현실을 넘어 상상을 불러 일으키고 있고 이러한 어조는 곰팡이가 하나의 균이라는 기호를 넘어서 외로움을 느끼는 '존재'라는 의미를 내포함과 동시에 곰팡이는 어쩌면 시인을 상징한다는 추리를 가능하게 한다.

안금자 시인은 詩 위로 무겁게 내려앉는 이력들을, 사막의 선인장처럼 무너지는 불안정과 부조화를 거부한다. '누군가의 애절한 문장'이 시작법에 의해 '단지 버려야 할 문장'이 될 수 없다고 단언한다. 예술 장르에 법이 무슨 필요가 있으며 '아침햇살에 문을 열고 저녁 노을에 문을 닫'으니 '누구의 걸음을 정답'(시 「My Way」)이라 말할 수 없다는 시인의 명확한 시적 세계관은 무한하게 꿈꾸고자 하는 삶과 일치한다.

때문에 안금자 시인은 정답 없음에 안주하지 않고 내가 쓰는 문장이 정답이라고 강요하지도 않으며 정답을 찾기 위해 갈구하지 않는다. '의연한 척 너에게 이렇게 말해놓고/ 정작/ 한 발짝도 내딛지 못하는/ 이율배반의 날들' (시「길 위에서」) 속에서 수없이 고민하며 살아왔을 것이다.

'안정감 있다는 평'에도 '아직 가본 적 없는 새길을 찾아', 끝임없이 '신발 밑 진흙 같은 생각' (시「자평自評하다」) 속으로 빠지는 것을 마다하지 않았다. 그래서 비로소 '밤새도록 출렁이는 바닷물에 잠들지 않던 포구'에서 '벽돌담을 휘돌아 나온 갯바람이 할머니의 굽은 손' (시「북성포구」)을 어루만지듯 '한때의 열광'을 지나 '찢기고 옹이진 지난했던 세월을 부둥켜 안은 나무의 몸통' (시「나무 아래서」)을 기억할 줄 하는 시인이 되었다. 칠십의 나이, '피어 있는 게 아니고 매일매일 바래가고 있'(시「백일홍」)을 지라도 묵묵히 견디며 나아간다.

시인은 꽃잎도 바래게 만드는 잔인한 땡볕같은 시간들을 내어주는 대신 '숨막히는 삼복더위' 같은 세상에서 시를 쓰며 쉬어갈 '서늘한 그늘 한 채를 얻었다' (시「그늘」). 양면성의 세계, 이율배반의 날들, 빛 속에서는 별이 보이지 않음을, 어둠이 없었다면 쓰이지 않았을 시임을 알고 있다. 안금자 시인은 말한다. '비로소 눈치챈 삶의 비밀/ 참 오래 걸렸다'(시「백일홍」) 라고.

안금자 시집
숲이 깊다

2025년 7월 10일 초판인쇄
2025년 7월 23일 초판발행

지은이   안금자
발행인   김인희
만든이   구자룡

만 든 곳 도서출판 산과들
등록번호 제 2023-000050호
주　　소 부천시 조마루로 385번길 92
전　　화 (032)613-5110
메　　일 kjihh@hanmail.net

책값 15,000원
ISBN 979-11-984105-0-4

* 이 시집은 저자와의 협의에 의해 인지를 생략합니다.
* 파손 된 책은 사신 곳에서 교환해 드립니다.
* 저자와 협의 없이 무단 복제는 법의 처벌을 받습니다.